JN439645

세월 저 너머 기억

세월 저 너머 기억

박서현 시집

도서출판 경남

세월 저 너머 기억

박서현 시집

펴낸날 | 2013년 5월 31일

지은이 | 박 서 현
펴낸이 | 오 하 룡
펴낸곳 | 도서출판 경남

주 소 | 창원시 마산합포구 몽고정길 2-1
연락처 | (055)245-8818~8819
홈페이지 | www.gnbook.com
블로그 | gnbook.tistory.com
이메일 | gnbook@empas.com
등 록 | 제567-1호(1985. 5. 6.)
편집팀 | 오태민 | 심경애 | 구도희

ISBN 978-89-7675-842-2-03810

〔값 8,000원〕

시인의 말

꽃잎이
하르르 떨리는가 싶더니
어느새 꽃 진 자리마다
초록이
눈짓하는 봄날

문득
지나온 시간의 흔적으로
깊이깊이 묻혀 있던
조그마한
내 삶의 조각들을 모아
세상에 내놓습니다.

2013년(계사년) 오월에

박서현

차례

제2부 세월 저 너머 기억

제3부 하늘바다

제4부 꽃의 비명

제1부

빙하가 녹다

빙하가 녹다

배나무
가지 끝에 매달린
아기 배 한 알
늦여름을 들쳐 업고
구름 뒤에 제 몸 숨기던 날

부처님 찾아
내 영혼을 팔아서 계단 오른
소맷돌 틈서리

심장이 허물어지는 기도에
내 안의 빙하가 녹아내리는
눈물

못다 이룬 시간들

이승의 시간이 그려낸 이슬이런가

먼발치
후덕한 그 목소리
그 양반 살아계실 적
막걸리 한 사발에 거나하셨던 동네 어르신

어둑함이 짙을 무렵
못다 이룬 슬픔이 젖어드는 억새 숲
지나온 발자국은
깨어 있는 이슬에 머물고

그리움 스며든
빛 고운 이 가을
가슴골에 묻어둔
이승의 향기가 목젖까지 차올라도
상여 꽃은 가물가물 멀어져 간다.

4월의 기도

연꽃등에
빗방울이 똑! 똑!
비에 젖은 돌들이 백팔번뇌에 젖고
까치발로 모여드는 빗물과
나붓이 법당 앞에 읊조리며

간간이 귓불을 스치는
바람의 어깨에 걸터앉은 4월도
하늘 길 따라
조막손을 펴들고 두 손을 모으나니

초록을 헤치며
지혜와
빛을 내리시고
부처님 오시는 성스러운 날
저희들은
정성으로 합장하며 봉축하옵나이다

가을이 오기까지

혼탁해지는 봇도랑 가
때 이른 가을꽃이 6월에 매달린
키 작은 꽃대

얇은 몸매와
자라다가 멈춘 키
아기 코스모스의 속눈썹에 눈물이 글썽인다,

하늘은
온통 먹구름
후두둑 빗방울 떨어지는 장마 속에서
절규하듯
눈물어린 작은 기도 소리가 들린다,
기다림의 가을이 오기까지

꿈을 꾸면서

편안하게 눈을 감는다
하얀 빌라 한 칸을 보수하는 작업이다
부싯돌 달구는 화약 냄새와 호수에서 물을 뿜어대며
점점 하얀 집은 초라한 모습으로 닮아 가는데

어디선가 멈추세요,
그대로 진행하면 영원히 못 쓰게 될 터
중앙에다 기둥을 아래로 잘 세우시오
밑뿌리엔 지반이 부실하다는 감독관의 말,

깊은 잠 속에서 눈을 뜰 수가 없다
그런데
귓전에서 들리는 속삭임

꼭 씹고 입 다무세요
물커덩 뭔가가 씹힌다, 똑같은 지붕이 복제된다
잠시 후
작업종료 푸른 깃발에 살며시 눈을 뜬다
유난히도 앓았던 어금니가 반짝반짝 눈부시다

햇새벽

구름 한 자락이
산의 목덜미를 어루만지며
머뭇거리는 산녘 길

높게 가려진
솔숲을 벗어나
콩콩 횡단보도를 건너는 소리에

햇새벽은
종아리를 받쳐 들고 아침을 들어 올린다

겨울 손님

"고뿔"이란 놈의 장난
뜨거운 체온에
코는 맹맹 목은 바짝바짝
철저한 방문은 뭐할라꼬 하누?

꿈속을 헤매던 시간
생시인지 꿈인지 "밀양역"이랜다
헐레벌떡
퉁퉁 부어오른 얼굴을 파운데이션으로 감추고
그리운 얼굴 떠올리며
대문 앞을 들락날락 몇 번인고

저만치
환한 웃음으로 다가서던 너
긴 세월 묻어두었던 그리움에
발그레 진 눈자위
부산서 달려온 내 친구 옥아!

토라진 각시

어젯밤 신랑각시 사랑다툼에
내 친구 상순엄마의 아픔을 달래기 위해

여전사마냥
오토바이에 우리 둘의 몸을 싣고
언젠가 봐뒀던 그곳을 찾아 나섰다
끝없이 펼쳐진 형형색색 황홀경이
강변에 흩어지고

밤새 토라진 각시는
코스모스 가득한 청도천에 앉아
또 한 겹 벗겨지는 삶의 무게를 딛고
가을의 끝을 달리며
구름 내려앉은 남편을 그려내고 있다

모기의 편지

어둠이
뚜벅뚜벅 내딛는 습지 한 켠
두 손으로 자다 깬 눈곱을 털어낸
아기모기는
더듬이를 잘 손질하며

누구에게서 맛있는 흡혈을 할까
머리를 긁적이는데

어미모기는
파랗게 질려 앉아
내 일생 다하는 동안
저 하늘 핏기 없는 초승달도 내 탓이요
괴로워하는 저 아기의 울음도
그리고
힘없는 바람의 허기도 다 내 탓이거늘

파란만장한 청춘을
야금야금 뽑아먹은 흡혈로 인해
무섭게 부라리는 "볼라벤" 태풍의 눈앞에서
온종일 오들오들 떨고만 있단다
아가야!!

부서진 살점

낮 바람도
쉬어가는 얼음골 현장 감리실

그 교량 위를
어릴 적 콧수건 가슴에 달고
번질나게 드나들었던 꾀죄죄한 시골소년
한양에서 영특한 판사라는 이름 얻었다.

그 아부지
면서기가 제일인 줄 바라더니
그 교량 영험 있어 선생까지 났다는
소고마을 사람들

지난여름
큰 매미* 할퀸 흩어진 고뇌로
송백 소고다리 아래 덤프차는
부서진 살점을 모으고 있다

*큰 매미 : 2003. 09. 12. 태풍 매미

도심의 일기예보

풋바람 솔솔 부는 재래시장
빛바랜 나일론 소쿠리 위에서
오이, 감자, 풋고추는 심장을 움켜쥐고
절룩거리며 쓴 재래시장 가격표는
소박한 사람 냄새를 흘린다.

짤막한 키에
푸짐한 아줌마의 미소가 좋아
딸아이 오이냉국 먹고 싶다기에 들렀던 그날,
밤새
태풍은 찾아오질 않았는데
다음 날 또 담날도 옹여 매어진 천막집

콩나물 다듬던 옆집 할머니 왈
"그 아지매 병원에 입원했다 아이가,
묵고 살만 하끼네. 빙이 왔능기라, 쯧쯧"

도심 한가운데 일기예보
구름 꽉 몰려온 후 소나기 쏴아

삶의 빛을 잃다

너를 알게 되던 날
미안하오
갈증 나는 목젖을 촉촉이 축일 사이도 없이
쉼 없이 달리게 한 삶에서
후진이 안 되는
고장난 핸들인 줄 몰랐더이다.

봄바람 훠이훠이 내려오던 날

예기치 못했던 디스크 수술에다
손가락 얄랑하기 귀찮은 무기력증으로
무심히 하늘만 올려다보며
삶의 빛을 잃었더이다

지친 발바닥엔 물집이 고이며
부르튼 입술로 삶을 넘나들던
네 몸을
좁은 방 안에 간신히 뉘이는데

빤히 불 켜진 네 방엔
고요만이 몸 붙이고 있구나

제2부

세월 저 너머 기억

세월 저 너머 기억

내리사랑으로
내려오는 저 빗방울처럼
세월 저 너머 기억을 놓아버린
어머니

당신께서
먼~날 기억의 잔상을
집요하게 움켜잡은 노인성 치매가
제게 낯설지 않음으로 다가온 지 몇 해이건만
돌담 아래 떨어지는 빗물은
지금도 당신의 흔적을 똑! 똑! 꿰고 있습니다

가끔씩
딸을 바라보며
힘없이 글썽이던 이슬의 암시는
행여 버선발 벗어놓고
이 세상 놓으실까봐
두려움이 제게로 찾아듭니다

푸석푸석
땅속에서 봄은 꿈틀거리고
가쁜 숨 몰아가며
당신을 한 번만이라도 더 뵈오려고
오늘도 멀리서
저는 바람의 등을 타고 날아갑니다

노 을

바람이 그린 캠퍼스
풀꽃 위에
잠자리와 풍뎅이가 앉았습니다

비탈길 감나무
길다란 장대 끝으로 따 내린 가을이
헐렁한 망태 속으로
수북하게 담겨집니다

하나, 둘
감 홍시 밀어들
홀로 계신 울 엄니께 띄웁니다
세상 고민 잠시 벗으시라고

굽이굽이 비탈진 동네를
홍시처럼 발개진 노을이
쓰다듬고 갑니다

거리를 배회하다

학교 운동장 가녘에
훤칠한 농구 골대가
솜털옷을 걸쳐 입고 서 있다

아이들이
퍼질러 놓은 운동장엔 혈액이 솟구치고
수업 종소리는
징검다리 운동장 위를 하얗게 건너가고 있는데
나는
우리 집 담벼락에 기대서서 함박눈을 맞고 있다

곳곳에
거리를 배회하는 눈송이들이 저벅거리고
고봉으로 쌓인 솔가지 정수리 끝에서
젖내 나는
어머니 향기가 몹시 그리운 날
앞산은 아직 웅크리고 잠들었다

세월의 당부

도회 나간 아들 벌초하러 온다고
눈이 어두워 불편하셔도
"야야, 거 머시고, 돈 주꾸마 김치 한 종발만 사다 도고"
세월 따라 바삐 사는 딸에게
그냥 달라고 하기 미안해
김치를 사오라고 당부하시는 울 엄니 전화

지난봄
야들야들한 고추모종 여남은 형제 심었더니
작은 숲 이루며 번져오던
콩나물시루 통 고추밭에 주렁주렁 풋고추 열렸다

베란다 앞
여름 내내 잦은 비바람 맞으며
눈부신 햇살 쉬어간 홍고추 한 소쿠리 훑어서
스르르 믹서기에 몇 번을 갈았다

배추 한 다발 사다가 소금에 절여놓고
젓갈과 갖은 양념 속에 홍고추 갈아 넣어
버무린 맛깔스러움
알배기 배추 위에 켜켜 양념을 바르는데
빛 고운 김치는 엄니의 말씀을 챙겨 담고 있다

긴 나들이 떠나시다

시골집 흙 마당

간밤에 내린 이슬로
하늘에 등을 기댄 남새밭 풋고추는
푸른 소매 끝동에 매달려
살찐 볼을 내미는데

밤마다
별들이 내려와 눈 비비는 동안
네모난 빈 방 안엔
새벽빛 스미고
긴 나들이 떠나신 어머니 돌아올세라

요양병원
유리창을 들여다보는
풀숲 반딧불은
제 몸 으스러지도록
고독한 불빛을 토해내고 있다

만월을 기다리다

이른 가을빛
숲속 매미들의 목쉰 울음이 절절한 날
갑작스런 뇌경색으로
예상하지 못한 당신의 건강

어머니!
당신이 계셨기에
세상은 곱고 투명한 색채로 다가왔습니다
그런데 이젠
온화함을 삶의 끝점으로 내려놓으려 하시는
비통한 이 일을 저는 어찌해야만 하옵니까

숨이 멎듯
설움에 북받쳐 가슴만 움켜쥐고 있는 딸은
어둔 밤을 허우적거리며
만월을 안고 오실 그날까지
두 손이 다 닳도록 당신을 위한 기도를 드리옵니다

밀밭의 향수

시골
어머니를 향하는데
창원에서 북면 들판을 지났을 즈음
매캐하고 구수한
향수가 창문 너머로 달려온다.

아득한 뒤안길
밀 이삭 끊어다 불에 그을려 먹었던
설익은 밀서리
손바닥이 시커멓고
입 주위 그을음 댕강댕강했던 아련함

현실은
얄궂은 세월에 점등만 깜빡일 뿐
내 어머니의 가슴엔
아직도
모락모락 꺼지지 않은 매캐함 피워내신다

텃밭의 약속

올해도 빨간 우유통에다
흙과 거름 잘 섞어 반반하게 담아주신 친정어머니
그것은
해마다 즐거운 당신의 몫이었다.

얼마 전
베란다에 놓인 텃밭의 약속
흙 속에 심어둔 그 모종 숲이 되자던 속삭임 들리더니

오늘 아침
주먹만 한 "피망"이
또 다르게 몸집이 자랐다

네가 탱탱하게 자라고 있는 동안
가슴 터지는 나의 행복

삶을 초록으로

백발을 머리에 이고서
휘거적 휘거적 아랫담 경로당엘 가시는 어머니
지난해
바람이 스쳐 간 이후
거동이 불편하셔도
뭇 삶의 향기 다 마시는 그곳

어머니 좋아하시는
단술(식혜) 만들어 얼음 동동 띄우고
뽀얗게 깎은 감자 포슬하게 삶아
시골 경로당에 차를 세웠다

삼동네 다 모인 할머니들의 웃음소리가
큰 마당에 훨훨 날아다니고
"니가 우얀 일고, 뭣을 이리 해서 왔노?"
깜짝 놀라시는

어머니
당신이 살아계심으로
오늘도 제 삶은 초록으로 가고 있습니다.

아련한 문패

그해 여름

일흔 여섯
아버지께서는
남은 여생 아쉬움 남겨두고
녹음 짙은 정자나무 아래
삶의 정담 나누시던
기억마저 잊으신 채
황혼녘 훌쩍 떠나셨습니까?

해 저문 날
뒷동산 산모롱이에서
이승을 떠나신 아버지를 그리며
시집간 당신의 여식이
목메인 설움으로 흐느낍니다.
아련한 문패처럼…

아버지 입젯날

울이란 형체마저 무너져가는 채마밭 가녘
당신이 심으신 석류나무에
석류알이 우리 닮은 일가를 이루었다.

갸울은 가지에
제 심장을 쥐고 익어가는 석류가
음 팔월 스무이레의 슬픔을
벅찬 회한의 웃끈으로 풀어내는 날.

가슴벽에 걸어놓은 아버지 얼굴이
엄마의 눈빛에 그렁거려
엄마 손등을 내 눈으로 가져간다.
뚝! 석류알 같은 눈물이 밤하늘을 잦힌다.

귀 여린 푸새마저 잠이 깰까봐
살찬 별빛에 조심히 걸음을 놓아
다시금의 목마름으로 오시는 아버님!

촛불 자락에 옷깃만 서늘하게 그어둔 채
지도에도 없는 길을 언제 가셨는지
내 가슴 석류알이 다 빼개내고 있다.

모녀의 기차여행

딸아이의 휴일에 맞춰
북천을 향하는 배낭 속엔
헐거운 하루의 먹거리가 바스락대고 있다
집 근처 창원 중앙역에서
두 어깨에 가을을 걸쳐 입고 떠나는
모녀의 기차여행

차창 밖
스쳐 지나는 수채화의 정수리엔
낮달의 언어가 종알거리고
북천역에서 내린 하동엔 꽃 잔치 열렸다

가까이서 마주 보니
방향을 잃고 쓰러진 꽃대들이
태풍의 상처를 처참하게 쓸어안고도
목이 터지도록 핏대 올려 붉은 꽃 피워내는데

초가 원두막에 걸터앉은
해맑은 가을은 메밀밭을 서성이고
마른기침만 내쉬던 조롱박 넝쿨과
헝클어진 코스모스는
하늘의 손을 꼭 잡고
움찔움찔 외발로 일어서고 있다

보리빵

아이야
엄마의 어릴 적 얘기를 들려주랴?
숨 막히는 땡볕 날에
텅 빈 들판 "보리이삭 줍기"로
학교 숙제를 받아왔던 시절 있었단다

들판에 불볕더위 주워 담아
절구에 빻은 검스레한 보릿가루 반죽으로
장작불로 익혀낸 보리빵
무밥과 고구마밥으로 허기진 시절에
외할무닌 7남매 정성껏 노나 먹였지

그런데
너희들이 찾아왔던 비좁은 방안에서
그 옛날 보리빵 대신
구름케이크에 촛불을 밝혀 불러주던 축하곡

엄만
너희들을 보내고 돌아온 대문 앞에서
젖은 빗방울의 발끝을 내려다보고 섰다

베갯잇 적시다

불빛이 잔기침을 놓아가는 밤!

거친 숨으로 떨어진
길가에 별똥별이
뿌리째 뽑힌
마을길을 돌아 나와
베갯잇 적시는 물소리에
두 귀를 가두며

바람보다
먼저 달려온 아침이
이슬 하나씩 깨물어 가는
"함바 식당"에서
삶의 걸음을 내딛는다

산다는 이유

"엄마! 저 경주 가고 있어요."
친구가 군대 가는 송별 여행이란다.

친구 한 명 한 명씩 군대로 떠나보내더니
그 녀석 철이 들었나 보다.
간간이
아르바이트했던 이유도 여행비 장만이 이유였다는데,
삶이 버거운 세상에
야위어진 네 얼굴을 보면 가슴이 아프다.

지난번
기숙사로 탕약이랑 미숫가루도 보냈지만 챙겨 먹질
않는다
아 뿔 싸!
진작에 머리를 쓸 걸,
일요일이면 에미의 식당에서 아르바이트하기로,
됐다
그날만큼은 듬뿍 영양식으로 챙겨 멕이는 날

아들아!

네 인생에 무지개 띄우려면

쉼 없는 노력과 봉사

감당해야 할 네 몫엔 조금도 두려워 말지어다

추억의 뿌리

식당서
신문을 보고 있던 최 사장에게
"나 시장 가는데 뭐 묵고 싶노?"
사십 초반의 그에게 웃으며 농담을 건넨다.
문득
어머니의 젊으셨던 5일장 생각이 나서였다.

어쩌다 가셨던 장날이면
바깥마당 끝자락 꽃발로 딛고 서서
애타게 당신을 기다렸다
멀리서 가물거리던
당신의 모습을 향해 마음이 먼저 달음질친다,
십리 길
머리에 이고 오신 다랑이 하나
그 속에 귀한 꿈들 소복했다.

상가 내
공장을 하는 최 사장도
그 시절 있었노라고
부푼 옛 기억들을 얘기하면서
잠시
아련한 추억의 뿌리에는
마늘쪽 같은 영상이 떠돈다.

빛바랜 세월

대학을 눈앞에 둔 딸아이!
고3의 뜨거워진 머릴 식혀 달랜다

아담한 도시
거창 군민들의 순수함 흠뻑 묻혀 있다.
통나무로 빚은
비빔밥 통에 '2006인분의 비빔밥' 무료 행사

위천천 야외무대
실버미인대회가 열리고
한복을 곱게 차려입으신 할머니 입장
덩실덩실
몸에 익지 않은 무대 횡보에
관객들의 웃음 위천천을 흔들고

주렁주렁 꽃 달린 원피스와
푹 눌러쓴 모자의 할머니 등장
대낮의 막걸리 취기로
박자 놓친 노래와 춤

때 묻지 않은 야외무대가 비틀거린다

잠시
흙먼지 헤치며
빛바랜 그들의 세월
저~만치 비켜서 있구나

발 마사지

나날이
촘촘한 일상 속에
50여 년을 맘껏 부려먹은 내 몸

선잠 깬
저 꼼지락거리는 발가락을 보라
쇠가죽처럼 두꺼워진 네 몸 가녘엔
세월의 무게에 짓눌린 오형제의 처연함도
내 몸의 중심에 섰거늘

서걱거리는 네 얼굴에 크림을 바르고
뭉텅한 막대기의 끝은
속울음을 토하는데
날이 선 얼음조각은 별을 쏘아 올린다

잘 익어가는 가을처럼
오장과 육부*에는 따뜻한 바람이 술렁이며
봄 숲

산 그림자의 발걸음마다
파아란 새살이 몸속에서 돋아난다

*오장육부 : 오장 – 간장, 심장, 폐장, 신장, 비장
육부 – 대장, 소장, 위, 쓸개, 방광, 삼초(기)

잠 못 이룬 밤

간밤
잔별들이 쪼르르
초록 풀섶에 앉을 때
여름 위에 졸다간 새벽 가로등 한 송이

2층 베란다 위에
부스스 눈 비비며
힘찬 새벽 가득 들여놓고
군대 출근하는 아들 녀석에게
찬물에 별을 말아 한술 또 한술 떠먹이며

아이야!
더위로 잠 못 이룬 밤
이제
네 인생이 그려진 이글거리는 붉음 안고
저 멀리
팽팽한 꿈 번쩍 펼쳐들기를

제3부

하늘바다

하늘바다

하늘바다
깊은 용궁 속으로
나를 던져 버렸다

새들이 헤엄쳐 가는
해저의 풍경
나비 한 마리
흰 날개를 저으며 멀어져 간다

시원한 파도의 바람
꽃대를 높이 흔드는 코스모스 길에
해초의 머리카락을 쓸어내리는 바다

눈을 감고
그 하늘바다 가운데 눕는다

선잠을 깨다

여름이
물안개 사이로 비껴간
활성 밤 밭
가슴을 조이며 몸살을 앓는 밤송이들

별빛이 사선으로 쏟아져 내리는 밤이면
보자기째 어둠을 뒤집어쓴 밤나무가
추억처럼 풀밭을 서성이고

아침의 먼발치에서
선잠을 깬 밤송이들이
영근 가을볕에
떨기떨기 알밤으로 터지고 있다

초대장

지난여름
불볕 옆구리에서 빠져나온
9월의 고운 햇살이
청단풍의 잎새 위에 둘러앉아 초록을 벗겨낸다

가을 학예회가 다가오는 건지
예닐곱 명 여학생들
카세트 음반 위에서 몸짓을 흔들고
솔가지엔
자지러지는 매미 소리가 여름을 쫓아낸다

운동장 끄트머리에서
배구공 부딪히는 소리, 선생님의 호각 소리,
교무실의 쉬는 시간 벨소리까지도
내 청음의 주파수에
곱고도 향기로운 언어로 다가와

저 너머
양손에 초대장을 흔들며
맨발로 건너오는 가을이
도회의
낯선 대문 앞을 서성거리고 있다

부 표

낮부터 내리던 비
영남루 아래 남천강변 거닐다
부북면 연극촌에 삶의 한 내려두고
위양못* 으로 깔깔대는 물바람과 걷는다

어둠이 스멀거리는
낮은 산자락 함평 이씨 고택
만리 밖 혈육을 끌어안고
내일의 부표가 희망으로 떠다니는 용호정 아래
퇴로못은 물비늘을 털며 일어나고 있다.

설레발이 치던 빗방울이
처마 끝에서 잠시 숨을 고른다,
고요를 밀어내며
반주에 맞춘 노랫소리에
전생이 하루에 그치는 하루살이도
하나 둘 관객으로 몰려드는 문학의 밤

용이 호수에서 승천하느라
벅찬 기운을 받으며
달맞이꽃 노란 속살로 내가 물들 때
노랑 꽃잎에 이슬을 톡 톡 털어 내고 있다

*위양못 : 밀양 8경 중의 하나.

연필의 기억

스산하게 뿌려대는 가을비
늦가을과 초겨울을 버무린
무주리조트의 곤도라에 탑승한다

그 아래엔
땅속 깊은 계곡물이 속울음을 토해내고
형형색색 단풍들은
또 다른 아름다운 세상을 열어가고 있다

설천봉 상제루에 올라선다
띄엄띄엄 고사목은
세상의 가면을 올올이 벗어던지고
홀가분하게 서 있는 알몸의 등을 빌려
○○문우님들의 기념 컷이 부산하다

잔설이 외투 깃을 세운 설천봉
커피잔 속에 연밥 같은 기억이 오종종하다
몇 년 전
무릎까지 차오던 온산의 눈더미와

속눈썹 끝에 수정 꽃이 댕강거리며
손발이 쩍쩍 달라붙던 향적봉 눈 산행

그 아래 설천 레스토랑에 앉아
어느새 연필은 지난 기억을 받아쓰고 있다

전사들의 눈물

할 말을 잃었노라
자랑스런 대한의 아들들아
16강 티켓을 놓치고
안타까운 탄성만이 눈물이 되었어도
지칠 줄 모르던 불굴의 투혼에 박수를 아끼지 않았다

그러나 잘 싸웠다
부딪히고 터지고 붉은 피와 뒹굴었던
하노버 하늘 아래
그대들이 있어 우린 똘똘 뭉쳤고
뜨거운 함성 더욱 붉었다

장하다
아들들아! 눈물을 거두어라!
오늘 그대들의 쓴잔이
4년 후 이루어 낼
민족의 또 다른 행복을 꼭 안겨 줄 것임으로…

— 2006. 독일 월드컵

바람을 앞세우다

짚신짝기 다 터지도록
해진 곳 꿰매가며
소백산자락의 희방사를 찾아왔노라
햇살에 꼬집힌
황금빛 떡갈 나뭇잎이 아장거리는 산사 계곡

광활한 저 불꽃들
걷잡을 수 없이 타들어가는
깊숙한 골짜기
산중 고찰을 감싸 안고 돌아 나오는
가을의 황홀경은 또한 감탄의 연발이다

시원한 물줄기와
몇천 굽이를 뒤흔들며 흘러내리는
희방 폭포수의 아름다운 낙하는
바람을 앞세운 불꽃단풍과
○○문학의 미니 소풍 길에서 깔깔대며 나뒹굴고 있다

몽당연필의 추억

밝은 감성의 꽃밥이
속살을 내보이는 장미의 계절에
종소리처럼 헤쳐 간 동창들이
몽당연필 같은 추억을 되짚고 모여 든다

빼곡히 뿌려진 은하수처럼
눈가가 짓무르도록
몸서리치는 그리움 떼어놓고
홀연히 멀어져간 친구야

가슴이 뻥 터지도록
껴안아보지도 못한 채
우리 곁을 영원히 떠나버린 널
호흡이 멎도록 그리움과 보고픔을
지우고 또다시 써 보건만

초록의 들녘 위에서
꺼억꺼억 울대가 막히며
몸이 휘도록 사무치는 친구야
미안하다
그리고
진정 보고 싶다 친구야

봄꿈 떨어지다

집 앞
아이들이 놀다간 운동장 가녘엔
철봉대에도 미끄럼틀에도
내 어릴 적 기억이 스멀거린다

여름방학이 끝날 때쯤
무릎까지 차오르는 잡풀들은 나래를 펴고
잡초를 뽑아내기 위해
자~ 내일 준비물이다, 남학생은 곡괭이와 낫,
여학생은 호미다, 알았나?

무서운 선생님의 호각 소리 함께
철봉대 아래 잡풀들이 툭툭 뽑혀갔고
잡초 대신 흙으로 다져진 놀이터가 되면서
줄넘기랑 콩주머니 던지기로 꿈 키웠던 내 어린 시절

핵가족제도 속에
그런 모교가 청소년수련원으로
그 후 산간지역 수련원마저

봄꿈이 뚝뚝 떨어져 나가버린
텅 빈 자리엔
애잔한 여운이 구석구석 흐르고
가지런히 신발을 벗어 놓은 산골 운동장은
어깨를 들썩이며 흐느끼고 있다

나팔꽃 이야기

솔솔
개울물 찰방찰방,
산새 소리 귓전에 울리고
나락 논에 푸르른 개구리 소리
한낮 대자연의 화음에
내 온몸의 피로가
옷고름을 풀어헤친다

마을 어귀
수양버들 곁가지가 도리질을 치고
외딴집 한숨같이 흔들리는 꽃

자갈 밭떼기 한 귀퉁이
쑥대의 다리를 꼬아 오르던
화안한 나팔꽃이 파수하던 날
뚝 뚝 떨어져 시든
제 몸에 꽃잎을 유서처럼 읽으며

애간장의 횃대에
잠시 목을 축이고
한 겹 벗으면 여인의 속살 같은
까만 진주를
해맑은 가을빛에 달래어 본다

구름 한 조각 그늘

낡은 함지박에 심어둔
키 작은 방울토마토 한 포기
유아기를 떠나보낸
얼마 전
바람이 들락거리며
하얀 꽃잎에 푸지게 내리던 햇빛은
점 하나를 잉태한다.

앞산에서
들려오는 새들의 소리
구름 한 조각 내려온 그늘 아래
빨간 알전구 같은 방울토마토를
햇볕의 무릎에 앉혀놓고 두 손으로 얼굴을 가린다.

내 키를
훌쩍 뛰어넘은
풋가지의 이파리 아래 붉디붉은 열정은
입 안에서
여름날의 뜨거운 동그라미로
오랜 기다림을 굴러내고 있다

목쉰 비명

햇살을 안고
뒤척이던 목련의 봉오리마다
볼이 미어지게 봄기운을 머금고
하얗게 질려버린 가지 끝

울컥울컥 쏟아내는 목련은
꽃을 향한 임산부의 입덧이거늘
창 너머
목쉰 비명을 질러대고
절뚝이며 지나가는 철길 옆에서도
고만고만한 봉오리마다

내 유년의 그리움을
한 움큼씩 따 담아
꽃빛으로 피워서 폭탄고백을 하리라며
봄의 자락으로 떠밀려 가고 있다

꽃빛 목메임

해가림을 하던
흰 구름 한 자락 걸쳐 둔 산녘길
어깨를 추어대며 피는 진달래 꽃잎에
얼굴을 맞댄 봄이 두 볼을 물들이고 있다.

겨우내 땅속에서
오금이 저리도록 버티어온 힘을 모아
산을 들어 올리듯 피워낸
횃불 같은 열정.

두 팔을
치켜든 꽃불의 점화로
불꽃을 뒤집어쓴 저 불길은
푸른 창공을 채가는 폭죽이다.
힘찬 꿈을 터치운 활화산이다.

태워버릴 듯
왁자히 피어난 꽃잎마다
바람을 베어 물고 도리질을 칠 때면
입술에 멎은 꽃빛을 다 머금지 못해
산은 자꾸만 목이 메인다.

눈부신 산란

구름이
형상을 다 쏟아붓고 있는 소재사* 계곡
차가운 기온에도
햇살을 쪼아 먹는 쇠 박새들이
영하3도 위에 앉아 배를 채우고 있다

혼자
깊숙이 울어대는 계곡물
맑은 화음을 골라 빚어낸 얼음 조형이며
새들의 눈빛이
또르르 굴러 나오는 겨울 동산에서

넋 놓고 올려다본
에펠탑이 얼음 속에 뿌리를 묻고
투명한 숭례문은 축제마을을 지키고 섰다
뭉글뭉글
웅장한 얼음 궁전을 조심스레 드나들며
터져 나오는 환호성은 감동의 폭발음이었거늘

간간이
궁전의 난간에서 졸다가는 햇볕과
언 발 저리도록 구름이 노니는
빙산의 축제계곡은
찬란하고 눈부신 산란이어라

*소재사 : 대구시 달성군 유가면 소재.

용이 사는 바다

— 와따쯔미* 토리이* 앞에서

뼛속까지 시린 3월의 바다
부산항발 씨플라워호는 오륙도를 지나
일본대마도를 향한다.
거친 물살을 뿜어내는 배가 앞서가는 태양을 밀쳐내고
대마도 이즈하라 항에 천천히 닻을 내린다.

이국의 정취는
내 영혼 깊이 파고드는 설렘.
와따쯔미 신사 앞에
눈길 가는 곳마다 엇비슷 마름모꼴로 접은 하얀 종이들에
속내를 알 수 없는 비밀이 호흡을 고르고
깨알처럼 박힌 활자들이 맨발로 미끄러진다.

검푸른 바다에서 솟아오른 와따쯔미 신사神社
에메랄드 물빛마저 청아淸雅한 신사神社이건만
담쟁이 넝쿨처럼 얽혀진 뒤웅박 정수리에
그 먼 날 위안부 할머니들의 처참하게 아픈 삶이 엉겨붙어

금방이라도 터질 듯 혈관이 부푸는데
지금은 또, 독도는 다케시마라고 외치다니
일본은 잘 듣거라
너희들의 시조를 뫼신 와따쯔미 신사 앞에서
이제 우리는 맹수와 같이 포효하며 고하노라.
독도를 절대로 탐하지 마라
독도는 분명 우리만의 것
독도는 세계에 알려진 우리 대한의 섬이노라.

*와따쯔미: 용이 사는 바다를 뜻함.
*토리이 :신사임을 알리는 일.

지구의 용트림

낯선 이국땅
따가운 태양빛에 회색도시가 그을리고 있다

실눈을 뜨고 본 따알 화산지대*
칼데라 호수 속에
방카보트의 물바람이 건너간 또 작은 활화산
깊은 땅속
황동쇳물이 부글거리고
용암의 입김이 흩날리는 하얀 바람 끝에서
내 몸은 움찔 가슴은 쿵쾅거린다

고뇌를 삼키듯
코를 땅에 박고도 나를 태운 조랑말은
따가이따이* 분화구를 오르는데

장엄하도다
지구가 미친 듯이 용트림을 하고
머리채를 뒤흔들며 솟구쳤던 용암의 붉은 폭발
황동 쓰나미 지나간 먼 분화구에

푸른 물결 술렁이는 거대한 화산지대
점점이 관광객 몰려드는
필리핀 마닐라의 시간 속에서…

*따알 화산지대 : 분화구 속에 분화구를 뜻함.
*따가이따이 화산 : 따알 호수 속에 작은 활화산 이름.

어변당

향토문학 기행
밤새 내리는 빗줄기
남천 강변의 출발지에 회원님들은 샛바람과 함께한다.

첫 기행지인 "예림서원"을 관람 후
문화유적 해설사의 무안면 연상리 "어 변 당"
조선 초기 박 곤 장군이 무예와 학문을 닦아
21세에 장원 급제했던 그곳
마당 한켠 연못 위에다 해설사님의 구수한 전설
실타래 풀듯 연못 위에 둥둥 띄우신다.

효성이 지극한 그는 식사 때마다 그의 밥 일부를 남기어
연못 속에 던져 물고기의 먹이를 대신하고
점점 자라는 물고기를 잡아 어머니의 병환에
영양식으로 드시게 했다는 눈물겨운 효심

어느 날 꿈속
맑은 하늘에 구름이 몰려 번개가 치더니
"너의 효심이 과연 지극하도다" 모날 모시에

물고기의 비늘 석 장이 연못가 돌벽 사이 반짝일 테니
나라를 위해 꼭 필요한 것이로되…,
희한한 꿈이로다

그날 꿈속에서 보였던
실제 현실의 그는 나라를 구해야 한다는 다급함에
석 장의 물고기 비늘을 아무도 몰래 말의 안장에 깔고서
대마도 정벌 및 남해 왜구를 토벌
나라의 승전고를 울린 조선 초기 장수였던 그의 효심!

푹 빠져든 연못 속의 전설
옹찬 기쁨과 아쉬움으로 그곳을 떠나
삼랑진 "작원 관지"를 돌아왔던
향토 기행의 달콤한 아쉬움
짧은 하루해는 서산을 넘는다

제4부

꽃의 비명

꽃의 비명

오롯한 산중에
천상의 심장을 도려낸
또 한 해의
애절한 기다림이어라

저토록 울컥대는
꽃봉오리의 비명을
터질 듯한 봉오리마다
신음을 틀어막아도

외발로 선
진달래는 봄의 가운데서
꽃불을 토해낸다

안개비

솔향기 흠씬 배인
추화산의 가을자락
올곧은 나무 한 그루 우뚝 내 앞에 섰다

안개비의
촘촘한 뒷덜미를
종종걸음으로 다가가는 새벽길
높게 드리워진 가을 산속에서

갈대숲을
안고 눕는 저 바람처럼
산새들과
오래 닫힌 내 안의 빗장을 열고 싶다

무등산에서

산죽 길의 초입
겨울비가 스쳐가며 이마받이한다
안개를 얇실하게 걸쳐 입은 능선을 타고
나를 벗어나려는 산행 중
떨어진 등산화의 잔등에
지나온 길을 꿰어놓고 잠시 호흡을 고른다

서로 어깨를 겯고 모둠발로 서서
체온을 나누는 직벽의 바위.
세찬 눈바람에 잔기침을 쏟고 있는
입석대*와 서석대*가
시리고 아린 발부리의 통증을
해의 입김으로 다스리고 있는 정오.

안개가 걷히자
한 발 성큼 내딛는 장불재 약수터 저 너머
등 굽은 고사목 가지 끝에
뜨거운 내 몸 하나

알전구로 매달아놓고
생의 가파르고 어둔 길목 밝혀 주고 싶다

*입석대 · 서석대 : 광주 무등산의 삼대석경에 속하는 수직 절리사의 암석.

그 겨울의 후회

산행 들머리부터
세찬 바람은 파카 깃을 세운다.
발목을 잡아끄는 눈밭 위로
부지런히 오른 7부 능선 즈음
나뭇가지를 뒤흔들며
가지 끝자락에 떠 있는 강원소방 헬기는
분무기처럼 세찬 눈보라를 뿜어낸다.

웅성웅성한 그곳으로 다가가보니
들것에 꽁꽁 동여매인 건장한 남자 산우님
그 둘레를 맴돌며 동행한 산우들의 애통과 눈물로
전송 받으며 들것과 밧줄에 이끌려 승천昇天한다.

뉴스에서나 듣고 보았던
산행 사고의 현장 바로 그 곁에 서 있는
내 온몸은 사시나무처럼 떨려온다
아~ 내가 가져간 핫팩을 흔들어 그의 심장 위에
뜨겁게 얹어줄 걸 때늦은 후회가 발목을 잡는다.

백덕산* 깊은 골짜기마다 울려 퍼지는
서러운 사내의 울음소리 들으며
앙상한 겨울나무 사이로 석양이 붉게 타오른다.
싸늘히 식어가던 산우님의
그 심장이 오늘도 따뜻하게 팔딱이길 두 손 모은다

*백덕산 : 1,350m 강원도 평창군에 있는 산 이름.

숲을 끌어안고

푸른 터널
천연 산소를 마시며
나뭇잎 사이
구름은 달아나는 낮달을 좇아
뒷산을 오르는데

산모퉁이
널브러진 나무의 어깨 위로
머뭇거리는 햇살

바람에 손을 잡고
초록을 바꿔 입은 풀벌레는
두 무릎을 세워 숲을 끌어안고 있다

산자락의 흔적

나뭇잎 사이 시린 하늘
꽃잎 떨어져
하얀 분이 채 벗겨지지 않은
물오른 청미래 한 알

그 위에 편지를 쓴다.
깨알 같은 하늘의 글
청미래 눈자위의 이슬은
삶의 골을 간간이 메운다.

밤새
아무도 밟지 않은 흔적들을
불러 모으며
가시덤불 헤치고 달려온
내 안의 편지를
그 바람이 건네주고 있다

솔바람의 귓속말

새벽안개를 사르며
아스스 살얼음 진 계곡엔
절벽도 외투 깃을 세우는 아직도 차가운 날
각자 분담으로
돼지 머리, 과일, 떡, 막걸리 등
켜켜 둘러서서 젊음을 나르는 배낭 속엔

그대 순정의 꽃빛을 보려고
가파른 산길을 오르고 또 오르는데
뒤따라오던
솔바람 다가와 귓속말로 속삭인다.
'오늘, 더러 어깨 뻐근하고 두 다리 욱신거려도 꼭 만나고 가거라'

밤새 바람이 허공을 훔치며
깊숙이 숨어 지낸 웅석봉엔
아침햇살이 허리를 드러내고
시산제 기원문에 꼭 꼭 손가락을 누르고 있다

창틀 속 그리움

아스라한 기억의 창!
연둣빛 크레파스로 죽 죽 그어대는
그대 앞에 섰습니다.

서러워 붉어지는 철쭉
재잘대던 산새들의 서러움
쏴르르
봇물이 터져버릴 것 같은 오늘입니다.

어느 뉘
창틀 속 소복한 그리움 없으리오만
불타는 그대 앞
눈자위에 그렁그렁 맺혀
붉디붉게 살다가는 것이라고…

휘몰이 바람꽃

가슴속을 파고드는 눈꽃들이
발끝을 세우고 다니는 산행 초입
헐거워진 나목 위로 겨울꽃 소복하다
마구잡이로 눈 산을 깎아 내리는
휘몰이바람으로 가쁜 숨 몰아내는 흔적들

뉘 산을 따라 붓을 들었던가
장쾌한 저 풍광들 속에
하얀 몸체를 흔들고 서 있는 천상의 주목이
맨발로 걸어 나와
철없이 날뛰던 칼바람의 어깨를 두 손으로 눌러 앉힌다

중봉이다
마주 본 산우의 속눈썹 위에서 얼음조각이 댕강거리고
턱을 기댄 채 햇볕을 쪼이는 고드름 하며
털모자 위로 송송하게 솟아난 서릿발 끝에서
영하 20도가 연신 잔기침을 해 댄다

덕유산 향적봉!
신화가 출렁거리는 산우들의 마음 밭에
창백한 눈바람도
종종걸음으로 달려 나와 낯익은 눈웃음을 흘리고
있다

잠든 숲

촉촉이
는개가 내리는 산행 초입
바람의 손을 잡은
풀잎이 나풀나풀 앞서가고

하늘 끝
제비의 장삼 자락 아래
가쁜 숨 몰아쉬는 오르막 등산로
코끝에 머무는 더덕 향을 마시며
살래살래 머리채가 흔들리는
나뭇가지 귀에다 입을 대고
소식을 묻는다

구름이 숨겨둔 햇빛
굵은 땀방울보다 먼저 달려오는 안개비
잠든 숲을 흔들어 깨우는 심장 소리는
제비봉의 무성한 초록이었거늘

짙푸른 원무를 바라보는
넉넉한 대자연 속의 제비봉
그는
비상하는 한 마리
제비의 힘찬 웅비였네라

안개의 뒷모습

등산로를 오르다
뭉쳐지면 더욱 예쁜
진보라 싸리꽃의 정열

산자락엔
밤나무, 상수리나무, 아카시아,
촘촘한 잡목들 사이로
제법 게으름을 부리는 안개의 뒷모습

내 인생의
마음 한 자락
부질없이 뻗은 곁가지들
하나하나 가지치기하며

5월은
짙푸른 옷고름을 풀어헤친다

햇살을 거두다

산동네 놀이터
구름이 손가락을 걸고 흔드는
아가들의 꿈 밭
햇살을 거두어 온 손주 녀석
할미의 칭찬에 푸른 꿈 키워간다

지척에
산까치 아기 참새는
치렁치렁한 오월의 꽃 타래를 갈아 신는데
하늘 길을 번져가던 연녹색은
세상을 끌어당기고

세 살배기 손주 녀석은
발갛게 부어오른
영산홍 꽃망울 높이 치켜들고
꽃 더미 성화 봉송 주자로
뒤뚱뒤뚱 걸어가고 있다

초록의 반란

붓끝이 기지개를 켜고
첩첩연봉으로 솟구쳐 오르는
초록의 반란을 따라
그림자도 밟지 말라던 스승님 뵙기 위해
따끈한 백설기 머리에 이고
○○○산악회 차량에 탑승한다

앞좌석에서
반겨 맞으시며
칠순 걸음을 놓아가시는 남휘추 선생님
주름진 기억의 푸른 페이지를 또렷이 넘기실 때
아침 이슬은 내 눈망울에서 시작된다

오래전
오종종 교실을 메웠던 그때
가무잡잡한 피부의 선생님께선
영산홍보다 더 붉은 열정을 모아
칠판 위에 휘~ 그려내시던 분필가루가
전라도 강진 덕룡산 봄꽃으로 터뜨렸다

하늘 높은 곳
연초록의 어우러짐 아래
맺돌로 풀어낸 보송한 봄빛들과
덕룡산의 진달래가
꽃발로 걸어나와 님을 맞이하고 있다

물안개의 침묵

겹겹첩첩 산골을
휘감은 물안개가
새벽의 허리를 껴안고
허공을 짚어 가는 장엄한 파로호*

내가 태어나기 전
한국전쟁*
국군이 중공군을 수장시켜 대승을 이루고
중국은 북한군을 앞세운 군사 파병 속에
화천댐과 발전소를 뺏으려고 침공
삼각 포위망*으로 대승한
파로호 전투

사단장 장도영 장군은
"후퇴하는 중공군을 추격하여 길가에 늘어진 중공군을
쓰레기 줍듯이 트럭에 실어 담았으며
아군 소대 병력이 적 대대병력을
무더기로 생포하는 진풍경이 연출되었다"던
한국전쟁사의 통쾌함

드넓은 호수
매서운 한파 속에서
춘설로 피어나는
목메인 병사의 절규가
내 옷소매에 스미고 있다

*파로호: 강원도 화천군 간동면에 있는 인공호수.
*한국전쟁 : 1951. 5. 20. 발발.
*삼각 포위망 : 국군, 학도병, 화천 주민을 말함.

■ 해설

회감回感이 있는 시적 파문의 미학

석성환(시조시인, 문학박사)

해설

회감回感이 있는 시적 파문의 미학

석성환(시조시인, 문학박사)

1.

시인의 삶에서 첫 시집을 펴내는 작업이란 어떤 의미를 갖는 걸까. 이는 〈시인의 말〉에서처럼 "문득 지나온 시간의 흔적으로 깊이깊이 묻혀 있던 조그마한 내 삶의 조각들을 모아 세상에 내놓"는 일일 것이다. 이는 또한 햇살 고요한 봄날을 애타게 기다리다 문득 피어나는 꽃송이마냥 삶의 내력을 낱낱이 토해내는 작업일 것이다. 이렇듯 첫 시집은 스스로의 자전적 서사를 꽃잎처럼 아름답게 물들이는 일종의 서정적 서사집인 셈이다. 여기서 자전적 서사의 지향성이란 시공간에 충만한 자연사물의 섭리에 인간적 사유를 물들이는 삶의 '뒤돌아보기' 라고 할 수 있다. 느지막이 문단에 나온 시인일

수록 삶의 뒤돌아보기에 의한 시적 언술은 깊이를 더하게 될 것이다. 자전적 서사로 대변되는 시편들을 통해 자신이 성장하고 영위해온 기억에 물든 삶을 송두리째 뒤돌아볼 수 있기 때문이다. 이와 같이 자신의 삶에 대한 시적 뒤돌아보기는 이 시집의 명명처럼 '세월 저 너머 기억' 이 있는 회감回感을 이루는 성과에 근접하고 있다.

여기서 우리는 박서현의 첫 시집 《세월 저 너머 기억》에서 삶의 뒤돌아보기에 의해 잉태된 시심, 즉 자전적 서사의 회감이 주류를 이루는 시편들을 접하게 된다. 이들 시편들은 주로 삶의 시공간 앞에서 뒤돌아보기를 통한 시적 성찰에 다가선 회감의 산물이다. 《세월 저 너머 기억》은 지역 문단의 한 늦깎이가 치열하게 걸어온 '세월 저 너머의 기억' 들을 소박하게 뒤돌아본 산물이라고 할 수 있다. 박 시인의 첫 시집에 상재된 시편들은 자신이 걸어온 삶의 여정을 구심으로 하여 선명한 나이테를 새기고 있다. 또한 이 시집은 자아가 의지해온 가족이라는 울타리 안에서 소박하게 일구어온 삶을 가없이 노래한 서정적 서사집의 범주에 있다.

'세월 저 너머 기억' 의 울타리 안에서 그가 지향한 자전적 회감은 두 개의 원에 함축되어 있다. 이는 시간적 원과 공간적 원이 상호 교집합을 이루는 시적 합일이라는 지점으로 드러난다. 이러한 시적 합일은 '세월 저 너머 기억' 에 대한 그리움이 묻어난 시적 사유를 소박성 그 자체로 접목하고 있다. 이처럼 박 시인은 '자연'이라는 원초적 본능을 기저로 '가족'이라는 교집합과 소통하면서 '현실'이라는 경계에서 회감하고 있다. 첫 시집에 상재된 여러 시편들에서 불교적 시선을 통해 시적 출발을 한다는 점에서도 주목된다. 이는 시인이 삶의 이법을 불교적 지혜로 성찰하는 시적 경지에서 자신과 가족의 존재 그리고 자연과 인간적 존재 양상을 그려내고 있다는 데서도 발견된다. 이런 점에서 박서현의 첫 시집 《세월 저 너머 기억》에 담긴 시편들을 읽어내기 위해서는 자연과 인간의 관계 등 새로운 존재적 성찰에 대한 깊은 이해가 우선된다.

2.

'자연'과 '인간'의 관계 혹은 그 안과 밖의 간격은 본질적이기에 앞서 현상적 차이, 즉 겉모양의 차이라고 볼 수 있다. 이는 자연과 인간 혹은 그 안과 밖이 결코 둘이 아니라는 점에서 '不二'라는 존재적 정점으로 이해할 수 있다. 인간을 '자연 아닌 자연'으로, 자연을 '자연의 자연'이라고 할 때 그 둘은 '자연'이라는 공분모에 의해 동일성을 갖기 때문이다. 이러한 관점은 동일한 '본질'을 바탕으로 어떤 '현상'이 차이성을 나타내는 지점에서다. 여기서 본질적이란 불생불멸不生不滅의 차원을, 현상적이란 생멸반복生滅反復의 차원을 말한다. 그리하여 삼라만상이 모두 동질적 본질로부터 생기生起된다는 존재적 성찰을 요구하게 된다. 동질적 본질을 가진 자연과 인간의 관계 혹은 그 현상처럼 모든 존재물은 차이성을 갖는 현상으로만 존재하지 않기 때문이다. 이와 같이 어떤 사물의 본질과 현상이 갖는 '차이', 즉 그 '간격'에 의해 시적 성찰은 출발한다. 이러한 시적 성찰은 시적 의식으로부터 시적 현상을 발견하는 일련의 과정으로 이해될 수 있다. 다시 말해 이는 어떤 존재적 기저를 시적 의식이라는 매개의 작용에 의해 실재하는 현상을 자아에 반추하는 작업인 것이다.

여기서 우리는 '시란 무엇인가'와 '왜 시를 쓰는가'에 대한 존재적 답변을 획득할 수 있게 된다. 시적 의식을 매개로 하여 '본질'과 '현상'의 간극을 성찰하는 일이란 곧 시적 깨달음으로 승화되기 때문이다. 그리하여 시적 의식의 깊이에 따라 눈에 비치는 현상의 모습과 형태는 다양하게 인식되기 마련이다. 다양한 형상 속에 내재된 본질적 측면은 곧 '있는 그대로'를 성찰하는 시적 행위로 나타난다. '있는 그대로'의 세계는 곧 시적 본질일 것이며 이러한 시적 본질을 통해 시인은 시적 깨달음에 이르게 된다. 이런 관점에서 박서현의 첫 시집 《세월 저 너머 기억》의 첫머리에 실린 시편들은 주로 자연과 인간의 차이 혹은 간격을 정갈한 존재적 성찰에 의해 인식된 시적 산물로 읽을 수 있게 된다.

배나무
가지 끝에 매달린
아기 배 한 알
늦여름을 들쳐 업고
구름 뒤에 제 몸 숨기던 날

부처님 찾아
내 영혼을 팔아서 계단 오른
소맷돌 틈서리

심장이 허물어지는 기도에
내 안의 빙하가 녹아내리는
눈물

―〈빙하가 녹다〉 전문

자연과 인간의 관계, 즉 '있는 그대로'의 세계인 산山에 들어서면 숲들이 무성하고 온갖 새들이 세상을 노래하며 노니는 풍경을 접할 수 있다. 우리는 숲속을 빠져나와 산길을 오르다 문득 계곡에 내려설라치면 미끄러지듯 흐르는 물소리의 요란함을 들을 수 있다. 물소리와 함께 이름 모를 야생화가 방긋거리는 모습을 마주치기도 한다. 그토록 생동하는 풍경을 뒤로하고 잠시 바위 턱에 걸터앉아 두 눈을 감아보면

방금 스쳐 지나온 '있는 그대로' 의 세계가 우리의 마음속에 자리하고 있음을 느끼게 된다. 이와 같이 눈빛으로 바라본 풍경이 마음속에 다시 떠오르는 현상은 과연 무엇 때문일까. 두 눈에 선명하게 바라보이던 풍경, 즉 자연사물이며 행위들이 어떻게 마음속의 비물질 상태로 떠오르는 것일까. 이런 관점에서 위 시편을 다시 읽어보면, 늦여름을 들쳐 업은 아기 배가 구름 뒤로 몸을 숨기던 날은, 화자의 시선에 의해 "부처님 찾아/ 내 영혼을 팔아서 계단 오른/ 소맷돌 틈서리"나 "심장이 허물어지는 기도에/ 내 안의 빙하가 녹아내리는/ 눈물"로 은유된다. 아기 배는 가지 끝에 매달린 것처럼 보이지만 생명적 관점에서 보면 가지와 아기 배는 둘이 아니다. 이는 화자의 시선에 의해 궁극적으로 가지 끝에 녹아내리는 "눈물"로 반추되고 있다. 이는 아기 배가 구름 뒤에 제 몸을 숨기는 것이나 화자가 소맷돌 틈서리에 숨어드는 것이나 다르지 않음을 암시하고 있다.

빙하가 녹아내리는 눈물의 회심은 부처님을 찾아 영혼을 되파는 초극적 태도에 의해 새롭게 태어나는 뒤돌아보기의 사유로 거듭나고 있다. 특히 이 시편에서 주목되는 시적 혜안은 아기 배 한 알이 가지 끝에 숨지 못하고 구름 뒤에 제 몸을 숨기는 시적 배경이다. 이는 "간간이 귓불을 스치는/ 바람의 어깨에 걸터앉은 4월"(《4월의 기도》)을 투시하는 혜안이나 "아침햇살이 허리를 드러내고/ 시산제 기원문에 꼭 꼭 손가락을 누르고 있”(《솔바람의 귓속말》)다라는 전언에도 깊이 함축되어 있다. 즉 ‘배나무 가지/ 아기 배 한 알’, ‘부처님/ 내 영혼’, ‘기도/ 눈물’의 유사성 사이로 빙하가 녹아나는 시적 깨우침을 일으키고 있는 것이다. 결국 화자는 부처님을 찾음으로써 가슴속 빙하를 녹여내고 있다.

3.

주지하다시피 심상心象, 즉 이미지image란 이성이 아닌 감성에 의한 정신적 산물이다. 어떤 사물이나 현상에 대한 감성이 갖는 이미지 그 자체는 상상력 이전에 이미 존재하고 있다. 이는 ‘있는 그대로’의 이 세계가 이미 존재함으로써 비로소 감각에 의한 감성적 산물로 드러나기 때문이다. 이러한 관계성 차원에서 이 세계에 존재하는 어떤 이미지를 통해 어떤 관념들 혹은 새로운 상상력이 생성된다. 이런 점에서 심상이란 ‘있는 그대로’의 세계가 인간적 상상력에 의해 우리의 마음속에 반추된 산물을 말한다. 이렇듯 심상은 마음 밖으로부터 마음속을 지향한 감성의 산물이 된다. 마음속에 존재하는 감성적 반응은 이 세계가 갖는 그 자체의 실상이 반영되어 생성된 허상으로 있게 되는데 그것이 바로 심상인 것이다.

이미지 혹은 심상이 갖는 차원은 어떤 세계, 즉 시적 대상에 대한 보편성을 바탕으로 특수성에 기인하여 생성된다. 이는 마음 밖에 있는 이 세계 그 자체의 실상과 마음속에 반영된 허상이 결코 둘이 아님을 말해준다. 여기서 인간적 사고의 본질, 즉 '심상' 이란 과연 무엇일까에 대해 근본적인 물음을 갖게 된다. 이러한 물음에 대한 실마리는 실상과 허상의 관계에서 찾을 수 있다. 이 세계의 실상이 있기 전에는 그 어떤 관념이나 개념이 만들어낸 허상이 존재할 수 없기 때문이다. 인간적 사유의 본질은 '있는 그대로' 의 세계에 대한 뒤돌아보기에 의한 어떤 깨달음의 심적 상태에 있다. 우리가 갖는 어떤 심상이거나 이미지는 새로운 상상력을 창조함으로써 특수한 심적 상태를 갖게 된다. 심적 상태, 즉 시심은 텅비거나 꽉 찬 상태가 아닌 그저 '있는 그대로' 의 세계를 반영하게 된다.

그렇다면 '시심詩心' 이란 무엇일까. 앞서 '심상' 이 갖는 의미에서 알 수 있듯이 그것은 하나의 깨달음일 수 있다. 어떤 시적 깨달음은 언어 이전에 어떤 체험에 의해 다다를 수 있는 시심 그 자체이기 때문이다. 어떤 시적 깨달음이란 관념과 개념이 사라진 마음의 본질이기도 하다. 여기서 관념과 개념을 벗어난 '있는 그대로' 의 심적 상태란 허공처럼 미치지 않는 곳이 없는 일체심이다. 시심의 본질이 시적 깨달음에서부터 출발한다고 볼 때 한 편의 시가 탄생하는 까닭을 알 수 있다. 시적 심상의 본질은 시적 대상을 바탕으로 시적 현상 그 자체로 형상화된다. 시적 대상은 어디까지나 시인이 경험하기 이전부터 선험적 존재로 자리하고 있다.

한 편의 시는 시심이 갖는 시적 수행의 깊이에 따라 시인과 독자에게 모두 순수 감동의 양을 전달하게 된다. 이렇게 전달된 감성의 산물은 시적 깊이의 크기를 가늠하게 함은 물론 독자로 하여금 제2의 시적 깨달음을 불러일으키게 한다. 이와 같이 심상이나 시심이 갖는 감성의 산물은 어떤 '의미화'에 의해 드러날 수밖에 없다. 이런 관점에서 박서현의 시편들은 이미지와 의미가 합일되는 지점에서 독자의 감각을 자극하는 지향성을 갖는다. 그는 관념과 개념으로부터 초월한 '있는 그대로' 의 시심을 통해 가족과 사회 그리고 이 세계를 그려내고 있다. 이와 같이 박서현의 시적 수행이 시심의 본질을 바탕으로 새로운 미학을 이루고 있음을 아래 시편들에서 읽을 수 있다.

연꽃등에
빗방울이 똑! 똑!
비에 젖은 돌들이 백팔번뇌에 젖고
까치발로 모여드는 빗물과
나붓이 법당 앞에 읊조리며

간간이 귓불을 스치는

바람의 어깨에 걸터앉은 4월도
하늘 길 따라
조막손을 펴들고 두 손을 모으나니

초록을 헤치며
지혜와
빛을 내리시고
부처님 오시는 성스러운 날
저희들은
정성으로 합장하며 봉축하옵나이다

—〈4월의 기도〉 전문

이 시편에서도 '부처'가 등장하고 있다. 그렇다면 화자의 시선에는 '부처'란 어떤 존재적 모습일까. 화자는 부처를 "배나무/ 가지 끝에 매달린/ 아기 배 한 알"(〈빙하가 녹다〉)이기도 하고, "비에 젖은 돌"이거나 "까치발로 모여드는 빗물"이기도 하다고 말한다. 여기서 우리는 부처와 중생이 결코 둘이 아니라는 화자의 시선을 감지하게 된다. 이는 부처의 본래면목이란 모든 자연의 형상 그 자체임을 반추하고 있기 때문이다. 이렇듯 화자의 시심에는 중생과 부처가 둘이 아닌 지점에서 불심佛心과 더불어 정성 어린 합장合掌이 연꽃처럼 자리하고 있다. 특히 이 시편에서 '연꽃등'과 '돌' 그리고

'빗물'은 물론이거니와 시간적 공간이랄 수 있는 '4월' 마저도 '부처'를 향해 읊조리거나 두 손을 모으고 있는 형국이다. 이러한 시적 풍경에서 우리는 화자의 합장기도를 더욱 깊게 느낄 수 있다. 무엇보다도 '4월'이 바람의 어깨에 걸터앉아 하늘 길을 따라 합장하는 모습이야말로 화자의 시선이 이미 '불이중생不二衆生'의 궤도에 이르렀음을 보여준다.

이러한 시적 깨달음이야말로 대립이 아닌 공존 혹은 상생이라는 시적 혜안으로부터 비롯된다는 점에서 더없는 시적 수행의 깊이를 가늠하게 한다. 특히 불이중생, 즉 부처와 중생이 '不二'라는 관계성에서 이 세계에 존재하는 삼라만상이 곧 부처라는 설법에 비길 수는 없다하더라도 그 소박성이야말로 회감의 가치를 더해주고 있다. 이와 같이 우주 삼라만상의 대자연을 통해 존재적 성찰과 더불어 시적 통찰을 달성함으로써 시인 자신마저도 "5월은/ 짙푸른 옷고름을 풀어헤"(〈안개의 뒷모습〉)치는 행복감으로 다가서고 있다. 그 자신은 또한 "청미래 눈자위의 이슬은/ 삶의 골을 간간이 메"(〈산자락의 흔적〉)우는 시적 치유로 다가서고 있다.

> 나뭇잎 사이 시린 하늘
> 꽃잎 떨어져
> 하얀 분이 채 벗겨지지 않은
> 물오른 청미래 한 알

그 위에 편지를 쓴다
깨알 같은 하늘의 글
청미래 눈자위의 이슬은
삶의 골을 간간이 메운다

밤새
아무도 밟지 않은 흔적들을
불러 모으며
가시덤불 헤치고 달려온
내 안의 편지를
그 바람이 건네주고 있다

—〈산자락의 흔적〉 전문

우리가 기억하고 회상하는 시간과 공간의 흔적들, 유년시절에 보고 느꼈던 추억들을 떠올리는 일이란 모두 실상으로 존재하던 세계의 일부를 회감하는 일일 것이다. 물론 세월 저 너머 기억들이거나 혹은 그 자국들은 "아무도 밟지 않은 흔적들"일 것이다. 그러한 흔적들의 산물은 실재하지 않는 꿈일 뿐만 아니라 미래에 대한 기대감이나 희망이기도 하다. '현재' 라는 이 순간마저도 '찰나' 에 지나지 않는다는 사유의 본질은 곧 어떤 세계의 흔적이 갖는 연속성을 의미한다. 또

한 실상이거나 허상이거나 그 모든 식識의 작용들은 오직 '찰나' 의 순간에만 존재하는 작용으로서 지속적인 산포를 갖는다. 특히 시제 '산자락의 흔적' 에서 우리는 '성실' 이라는 무게를 감지하게 된다. '성실' 은 시인이 갖는 진실의 무게이기도 하다. 이때 드러나는 진실의 무게는 두 가지의 관점에서 측정할 수 있다.

하나는 시적 대상의 척도로서 그만큼 대상이 순수하면 할수록 그 척도는 높아지게 된다는 점이다. 다른 하나는 시인의 척도로서 시인의 시적 감정 상태가 순수하면 할수록 그 척도는 더해진다고 볼 수 있다. 그리하여 성실 혹은 성실성은 시적 대상과 시인의 관계에서 드러나는 진실의 합이 된다. 그 합이 순수하면 할수록 성실성이 증가하게 된다. 시적 출발은 대상의 진실성과 시인의 진실성이 합을 이루는 시점에서 자연스럽게 이루어진다. 한 편의 시란 시적 대상과 시인의 사이에서 '진실' 과 '순수' 라는 차원에서 '성실' 이라는 꽃을 피운 흔적으로 존재하게 된다.

이 시편은, 조금 더 삶의 구체적 현실로 직핍해 들어온 작품이기도 하다. 시적 상황을 이끌어온 주체는 다름 아닌 "물오른 청미래 한 알"이다. "청미래 한 알"은 "깨알 같은 하늘의 글"로써 편지를 쓰고 있다. 그 "편지"의 주인공은 바로 시제인 '산자락' 일 것이다. '산자락' 은 "나뭇잎 사이 시린 하늘"을 관조하며 "가시덤불 헤치고 달려온" 것들을 품고 있는 흔적의 쉼터이기도 하다. 이때 그 편지로부터 떨어진 "눈자위의 이슬"은 화자의 "삶의 골을 간간이 메"우며 다시 "흔적들을/ 불러 모으"고 있다. 결국 그 편지는 "내 안"으로부터 달려온 흔적으로서 산자락에 불어오는 "바람"에 의지하여 또 다른 삶의 골을 파고 있다. 이처럼 박 시인은 "심장이 허물어지는 기도에/ 내 안의 빙하가 녹아내리는"(〈빙하가 녹다〉), "외발로 선/ 진달래는 봄의 가운데서/ 꽃불을 토해낸다"(〈꽃의 비명〉)는 자화상을 드러내면서도 "하늘 길 따라/ 조막손을 펴들고 두 손을 모으"(〈4월의 기도〉)는 강렬한 삶의 시학을 지속적으로 발견하고 있다. 그의 시편 곳곳에 배어있는 눅눅한 눈물자국이 새삼스레 얼비치는 까닭도 바로 여기에 있다.

4.

'시詩'라는 존재와 '시인詩人'이라는 존재자의 관계는 과연 어떠한가. 이는 시적 발화를 수행하는 행위자가 누구인가에 대한 물음을 갖게 한다. '시인'이라는 존재자는 곧 '화자'라는 가면을 쓴 실제의 발화자이기 때문이다. 흔히 '시'라는 존재를 일인칭의 독백 형식으로 간주한다는 점에서도 그렇다. 한 편의 시는 시적 자아와 '있는 그대로'의 세계가 동일시되는 지점에서 시적 언술로 표현되기 때문이다. 시편에서 다루어진 시적 대상은 시인과 화자의 내면이 산출한 어떤 형상물일 수밖에 없다. 시는 시인이 독자를 향한 시의식의 지향으로 나타난 산물이기 때문이다. 하지만 시와 시인이 동일한 지향점을 갖는다고 볼 때, 시와 시인의 존재와 존재자에 대해 따지는 것은 무의미할 수도 있다. 어차피 우리는 시를 통해 시와 시인을 읽고 스스로의 가슴으로 느끼기 때문이다. 한편 시인의 시적 수행이 시라는 시적 깨달음으로 현현한다는 점은 우리가 시작품에 의해 시적 본질에 다가서게 하는 까닭이기도 하다. 여기서 시적 본질에 다가선다는 의미는 꽃이 피고 바람이 불고 비가 내리는 자연현상 등 그 모든 섭리가 다 안과 밖의 심적 작용으로부터 일어나고 있음을 말한다.

시적 본질을 이루는 마음, 즉 시심은 그것을 관장하는 우주로부터의 생기生氣이다. 시적 본질의 배경에는 늘 세계로부터 생기되는 일체의 마음과 함께 개개의 마음이 동일성의 형태로 작용한다. 물론 시적 화자는 어떤 특이한 발화의 맥락에서 산출된다고 볼 수 있다. 하지만 그 발화의 주체는 시적 대상에 종속됨으로써 대상을 해명하는 위치에 서게 됨으로써 세계, 즉 시적 실상을 '있는 그대로' 보여주게 된다. 이런 관점에서 시적 이미지와 의미는 둘이 아닌 하나의 감성적 산물, 즉 이미지 속에 의미가 감추어져 있음을 알게 된다. 어떤 시편에 있어서 의미의 반영이란 어떤 이미지에 대한 시적 인식으로부터 생성한다. 시인이 시적 인식을 수행함에 있어서 관념과 개념, 편견이 뒤섞인 심적 혼란의 상태는 그릇된 시심을 잉태할 수 있다. 이 세계의 삼라만상은 결코 차별심이나 분별심에 의해서는 '있는 그대로'를 드러낼 수 없기 때문이다. 시심의 가치관은 이 세계의 모든 존재와 존재자들이 동일성을 갖는 평등심으로 이어질 때 정립될 수 있다. 이러한 가치관의 정립, 즉 객관적 시심에 의해 비로소 인간과 인간, 인간과 자연을 구분지어가는 편견으로부터 벗어날 수 있다. 이러한 편견적 의식에서 벗어난 박서현의 여러 시편들에서 우리는 화자와 대상의 관계에 드러나는 시적 지향성이 '가족'에서부터 출발하고 있음을 발견하게 된다.

그해 여름

일흔 여섯
아버지께서는
남은 여생 아쉬움 남겨두고
녹음 짙은 정자나무 아래
삶의 정담 나누시던
기억마저 잊으신 채
황혼 녘 훌쩍 떠나셨습니까?

해 저문 날

뒷동산 산모롱이에서
이승을 떠나신 아버지를 그리며
시집간 당신의 여식이
목메인 설움으로 흐느낍니다
아련한 문패처럼…

—〈아련한 문패〉 전문

'아버지'와 '어머니'는 박서현 시편의 주요 캐릭터이다. 그만큼 그에게 '가족'이란 떼려야 뗄 수 없는 시적 공동체로서 자리매김되어 있다. 이 시편의 전경前景에는 "녹음 짙은 정자나무 아래/ 삶의 정담 나누시던" 아버지의 모습이 "아련한 문패"만큼이나 깊숙한 정감으로 깔려 있다. 그러한 정감은 화자에게 언제나 "목메인 설움"으로 남아 있다. 화자의 아련한 기억 속에 자리한 '아버지'는 "아련한 문패"로 각인되어 지워지지 않고 있다. 어느 시골집이든 대문 옆에는 문패가 걸려 있게 마련이다. 그 문패에는 어김없이 '아버지'의 이름이 새겨져 있다. 화자는 아련한 문패를 떠올리며 다시 아버지를 부르고 있다. 여기서 "녹음 짙은 정자나무 아래"에서 '자연'의 원초적 본능을 도입함으로써 다시 아버지의 삶을 반추하고 있다. "시집간 당신의 여식"이라는 인간적 관계성을 삽입함으로써 애써 '가족'의 인연을 부각시키고 있다. 이러한 시적 소통은 화자에게 문득 아버지의 이름이 새겨져 있던 시골집 대문 앞의 문패를 연상하도록 한다. 화자에게 아버지의 존재감은 가족을 지키는 문패로 각인되어 있기 때문이다. 화자가 아버지를 '아련한 문패'로 연상한 배경에는 "남은 여생 아쉬움 남겨두고" 떠나간 아쉬움이 강하게 배어 있다. 그리하여 화자는 아버지와 함께 "녹음 짙은 정자나무 아래/ 삶의 정담 나누"던 기억의 갈피 속에서 아버지를 향한 "목메인 설움"이 끝없이 출렁이고 있다. 이와 같이 화자의 가슴에는 늘 "아련한 문패"로 기억되는 '아버지'를 통해 가족에 대한 사랑과 그리움이 회감되고 있다.

이 시편의 2연과 3연의 관계는 '기억과 현실'이거나 '행복과 그리움'이 교차되는 시적 심연이 가로놓여 있다. 2연에서는 '일흔 여섯 – 정자나무 – 정담 – 황혼 녘'이 아버지에 대한 화자의 행복했던 기억으로, 3연에서는 '산모롱이 – 여식 – 설움 – 아련한 문패'가 온전한 그리움의 현실로 드러나고 있다. 시인은 "내 안의 빙하가 녹아내리는/ 눈물"(〈빙하가 녹다〉)을 속으로 삼키다가 "움찔움찔 외발로 일어서고 있다"(〈모녀의 기차여행〉)가도 "그 하늘바다 가운데 눕는다"(〈하늘바다〉)라며 가족을 향한 헌사를 잊지 않고 있다. 이와 같이 박서현의 첫 시집에서는 한 늦깎이가 노래하는 세월 저 너머의 기억에 대한 성장 서사의 측면이 진하게 스며 있다. 물론 그 바탕에는 가족이라는 동그란 굴레를 향한 그리움과 함께 슬픔의 서사도 녹아 있다. 이는 박서현만이 가진 시학의 음

역을 증언해주는 성과이기도 하다.

차창 밖
스쳐 지나는 수채화의 정수리엔
낮달의 언어가 종알거리고
북천역에서 내린 하동엔 꽃 잔치가 한창이다

가까이서 마주보니
방향을 잃고 쓰러진 꽃대들이
태풍의 상처를 처참하게 쓸어안고도
목이 터지도록 핏대 올려 붉은 꽃 피워내는데

초가 원두막에 걸터앉은
해맑은 가을은 메밀밭을 서성이고
마른기침만 내쉬던 조롱박 넝쿨과
헝클어진 코스모스는
하늘의 손을 꼭 잡고
움찔움찔 외발로 일어서고 있다

—〈모녀의 기차여행〉 부분

이 시편은 '기차여행'라는 시공간적 매개체를 통해 보다 역동적인 시적 상상력으로 다가선 작품이다. 이는 "해맑은 가을"이 "메밀밭을 서성이"는 풍경과 함께 "조롱박 넝쿨"이거나 "헝클어진 코스모스"가 "하늘의 손을 꼭 잡고" 있다는 풍경에서도 잘 드러나고 있다. 특히 "조롱박 넝쿨"과 "헝클어진 코스모스"가 "움찔움찔 외발로 일어서고 있"음은 시제인 '모녀의 기차여행'을 은유적으로 잘 암시하고 있다. 어떤 시공간적 풍경이 화자의 삶이라는 은유적 상관물로 암시될 때 한 편의 시는 화자의 시적 성찰을 더욱 빛나게 한다. "초가 원두막"이 서 있는 모습을 두고 화자는 "해맑은 가을"이거나 "하늘의 손"이라는 비유를 도입함으로써 '모녀의 기차여행'과 '가을정취'를 하나의 시적 공간에서 재현하는 역할을 하게 된다. 특히 '가을'이 "메밀밭을 서성"인다는 이미지화로 인해 '모녀의 기차여행'의 실감을 더 높이는데 기여하고 있다. 비록 "외발로 일어서"야 하는 삶의 길이지만 "하늘의 손을 꼭 잡"음으로 인하여 "해맑은 가을"처럼 일어설 수 있음을 보여주고 있다. 시적 대상은 시적 주체를 중심으로 그 안이거나 바깥에 있게 된다. 이때 시적 대상은 어디까지나 시적 주체와의 관계성에 의해 의미화될 수 있다. 앞의 시편 〈모녀의 기차여행〉에서 '모녀 관계'가 전제되지 않았다면 "방향을 잃고 쓰러진 꽃대들이/ 태풍의 상처를 처참하게 쓸어안고" 있는 정경을 드러내는 데 그쳤을 것이다. 이와 같이 시적 풍경은 희극과 비극이 교차되기도 하고 반어적으로 연계되어 표현되기도 한다. 희극을 배경으로 이루어진 시적 풍경일수록 주체의 비극이 갖는 대상적 의미화는 더욱 두드러질 수 있기 때문이다. 이런 관점에서 아래 시편을 읽어보면,

하늘바다
깊은 용궁 속으로
나를 던져 버렸다

새들이 헤엄쳐가는
해저의 풍경
나비 한 마리
흰 날개를 저으며 멀어져 간다

시원한 파도의 바람
꽃대를 높이 흔드는 코스모스 길에
해초의 머리카락을 쓸어내리는 바다

눈을 감고
그 하늘바다 가운데 눕는다

—〈하늘바다〉 전문

'하늘바다', 우리는 때때로 푸른 하늘을 바라보면서 깊고 깊은 먼 바다를 상상하기도 한다. 사전적 의미로 보면 시제

로 쓰인 '하늘바다'는 '넓은 하늘을 의미하는 북한말'이다. 하지만 이 시편에서는 '하늘에 존재하는 바다'이거나 '바다 같은 하늘'이라는 의미로 받아들여진다. 하늘이 우주를 대변하는 무한의 공간이라면 바다는 지구를 대변하는 유한의 공간이다. 우리가 바라보는 하늘은 단순히 바다를 비추는 넓이에 그치지 않고 바다의 넓이에 비교할 수도 없을 만큼 광대한 공간이다. 우리는 바닷가에 서서 하늘과 바다라는 두 자연물이 한 가지 색조로 어울리며 황홀한 분위기를 자아내곤 하는 풍경을 바라보게 된다. 그러다가 바다를 닮은 하늘에 문득 비구름이 일면서 허공은 온통 잿빛으로 변한다. 어느새 바다는 서서히 풍랑을 일으키기 시작하면서 하늘과 더욱 가까워지기도 한다. 이렇듯 바다와 하늘은 비록 수평선을 경계로 둘로 나누어져 있으면서도 때로는 둘이 아니라 하나로 존재하는 듯하다. 화자는 바로 이러한 '하늘바다'라는 특수한 공간을 배경으로 시적 자아를 용해시키고 있다. 하늘바다에 비록 용궁이 존재한다고 하더라도 우리의 육안으로는 그 "용궁 속"을 볼 수가 없다. "새들이 헤엄쳐가는/ 해저의 풍경" 또한 상상할 수도 없다. 화자는 이러한 상상적 풍경을 시적 배경으로 깔아놓고 "나를 던져버렸다"라고 단언한다. 이러한 화자의 심경은 과연 무엇을 말하고자 하는 것일까. 이는 아마도 마지막 연의 "눈을 감고/ 그 하늘바다 가운데 눕"기 위해서일 게다.

5.

지금까지 읽어온 바와 같이 박서현의 첫 시집 《세월 저 너머 기억》은 자신의 삶에 대한 뒤돌아보기에 의해 잔잔한 미소를 담은 한 장의 흑백사진으로 인화되고 있다. 이러한 시적 인화는 늦깎이만이 누릴 수 있는, 시심이 지향하는 되돌아보기의 산물이다. 이는 시인을 둘러싸고 있는 여러 시적 대상들에 대한 회감回感을 심미적으로 잘 보여준 시적 결실이기도 하다. 박서현의 첫 시집에 상재된 시편들은 사랑과 그리움이라는 정서가 가족과 고향이라는 향수적 회감으로 귀착되고 있다. 그 결과 《세월 저 너머 기억》은 시인에게 때때로 화해하고 치유해야 할 삶의 상처를 어루만지는 한 장의 사진으로 각인된 셈이다. 이러한 시적 치유는 뒤돌아보기에 의해 시작詩作된 대부분의 시편들에서 발견되고 있다. 특히 그가 지향하는 회감이 있는 시적 파문을 통해 시적 치유를 수행하고 있음은 그 시적 정서를 독자의 몫으로까지 옮겨놓고 있다. 이러한 관점에서 필자는 박서현의 첫 시집 《세월 저 너머 기억》이 서정시가 갖는 자아동일성의 미학을 잘 반영하고 있음에 주목하게 된다. 이와 같이 회감이 서려 있는 자전적 서사가 작품의 주류를 이루고 있음을 볼 때 박서현 시인의 시적 미래가 더욱 견고하게 펼쳐지리라 기대해 본다.